GUIA PRÁTICO DA EDUCAÇÃO FINANCEIRA

Adelaide Miranda

Guia Prático da Educação Financeira

É possível transformar um pequeno rendimento
numa grande poupança.

Ficha Técnica:

Autora - Adelaide Miranda

Título - Guia Prático da Educação Financeira

Revisão de Texto - Magda Soares

Paginação e Capa - Capital Books

Edição - Capital Books

1ª Edição - Janeiro 2017, Lisboa

ISBN - 978-1983957284

Depósito Legal - 436609/18

Impressão e Acabamento - Tipografia Lousanense

www.capitalbooks.net
geral@capitalbooks.net

A todas as pessoas da minha vida:
do passado, do presente e do futuro.

Dinheiro vai, dinheiro vem.
Dinheiro para comer.
Dinheiro para vestir.
Dinheiro para viver.

Dinheiro vai, dinheiro vem.
Dinheiro para ir trabalhar.
Dinheiro para viajar.
Dinheiro até para sonhar.

Dinheiro vai, dinheiro vem.
Dinheiro, dinheiro, dinheiro.
Impossível viver sem.

Dinheiro vai, dinheiro vem.
Corre para todo o lado,
o pobre coitado,
procurando por dinheiro
sentindo-se escravizado.

Dinheiro vai, dinheiro vem.
Bem contado e ajustado,
Planeado e direcionado
Não é dono de ninguém!

Adelaide Miranda

ÍNDICE

Prefácio 11

DICA NÚMERO 1: Paga-te primeiro! 17

DICA NÚMERO 2: Vive dentro das tuas
                             possibilidades 23

DICA NÚMERO 3: Faz o teu dinheiro multiplicar-se! .. 31

DICA NÚMERO 4: Guarda o dinheiro em
                             lugar seguro 37

DICA NÚMERO 5: Sê dono da tua própria casa 41

DICA NÚMERO 6: Assegura o teu futuro 47

DICA NÚMERO 7: Aumenta a tua capacidade
                             de ganhar 53

DICA NÚMERO 8: Usa riqueza para gerar riqueza 59

DICA NÚMERO 9: Consulta especialistas em
                             investimentos 65

DICA NÚMERO 10: Planeamento, paciência e
                             persistência 71

E agora, vamos gerir essas poupanças? 77

Anexo - Como criar uma Folha de Orçamento 81

PREFÁCIO

A ideia deste guia nasceu da pergunta inocente de uma sobrinha. Recebeu dinheiro como prenda de Natal e a mãe não a deixou gastar num belíssimo par de ténis. Ela sentiu-se indignada porque o dinheiro, efetivamente, era dela. A mãe explicou que ela não precisava de ténis, porque tinha acabado de receber uns como prenda de Natal. A filha, respondeu que o dinheiro era dela e que fazia com ele o que quisesse. E além disso a mãe não entendia nada de moda, aqueles ténis eram top, nem se comparavam com os que tinha recebido.

Compreendo a indignação da filha e estou solidária com a mãe. Obviamente que a mãe quer que a filha aprenda a fazer um gasto consciente do seu dinheiro. E é mais do que justo que a filha queira comprar aquilo que ela quiser com o dinheiro dela, não é da mãe, é dela. E eu perguntei-me como seria a melhor forma de resolver a situação.

A mãe não pode esperar que a filha, que nunca geriu o seu dinheiro, faça uma decisão com base nas suas necessidades. É natural que a filha, ao receber umas notinhas, pense imediatamente em comprar aquilo que ela deseja e que a mãe, que tem que gerir o orçamento familiar, não pode comprar ou não considere uma necessidade básica para aceder a um capricho ou desejo da filha.

Toda esta situação fez-me recuar uns bons anos no tempo, quando decidi comprar a minha primeira casa. Nessa altura fui forçada a analisar as minhas finanças de forma a poder juntar dinheiro para o depósito inicial.

Informei-me sobre gestão financeira pessoal, procurei folhas de orçamento online e fiquei chocada quando concluí a primeira folha de orçamento e comparei com o meu extrato bancário. Basicamente, descobri que não estava a fazer o melhor uso do dinheiro que tanto me custava ganhar.

Perguntei-me como é que tinha sobrevivido

financeiramente durante tantos anos sem ter noção de como gerir as minhas finanças. Investi novamente em livros e algumas formações e decidi que não voltaria a viver sem ter as minhas finanças sob controlo.

Nestas minhas pesquisas encontrei o livro, "O Homem Mais Rico Da Babilónia", e fez-se luz na minha cabeça. Descobri que, não só podia assumir o comando das minhas finanças, como podia também fazer com que o meu dinheiro trabalhasse para mim. Este livro foi a inspiração para alterar a minha vida financeira.

Juntei dinheiro para a minha primeira casa, comecei a pagar-me a mim própria primeiro, consegui juntar para investir em imóveis, aumentei a minha capacidade de rendimento instruindo-me e procurando trabalhos em que a minha remuneração fosse de acordo com o meu conhecimento e, por fim, abri uma agência imobiliária criando uma fonte de rendimento que não estivesse relacionada com a minha atividade profissional principal.

Como é que um livro pode mudar tanto a vida de alguém? Simples, muito simples. O livro ensinou-me que eu tinha que deixar de viver para trabalhar e começar a trabalhar para viver. E é possível, basta planear, ser paciente e perseverante.

Passei a viver em função do que aprendi. Confesso que ainda tive um ou outro deslize e isso fez com que voltasse a viver para trabalhar, por isso é preciso que se aplique estes conhecimentos todos os dias!

A situação da minha sobrinha fez-me relembrar a questão que me veio à cabeça quando comecei a informar-me sobre o assunto: porque é que eu só estou a aprender isto agora?

Esta informação devia ser passada para os adolescentes, jovens e até adultos. Se adquirirem estes hábitos no início da vida não terão que viver para trabalhar e poderão trabalhar para viver. Esta pequena troca de palavras faz toda a diferença. Todos deviam saber disso a tempo de evitarem maus hábitos que culminem em desgraças financeiras.

E pronto, aqui estamos. Deixo-vos aqui as dicas que mudaram a minha vida e que eu gostaria de ter aprendido com vinte anos de antecedência.

Antes mesmo de publicado, este guia vai diretamente para as mãos da minha sobrinha. Espero que a partir de agora ela aprenda a gerir as suas finanças e que se prepare para a vida financeira antes de criar maus hábitos.

Em relação aos ténis não tão top, que por acaso fui eu que ofereci, sugeri que fosse à loja com o recibo e trocasse pelos que ela queria. Conclusão, teve que retirar (apenas) dez euros do seu tesouro, mas acabou por ter os ténis top que queria e a mãe ficou satisfeita por a filha não ter gasto o dinheiro todo. Para tudo há solução mas, é preciso planear, ser paciente e persistente. Mas essa já é a dica número 10, vamos começar pelo início!

Preparados para assumir o comando das vossas finanças?

DICA NÚMERO 1

Paga-te primeiro!

P aga-te primeiro! À primeira vista parece, que assim que recebes um salário, ou mesada, estás-te a pagar primeiro. O dinheiro entrou diretamente na tua conta bancária ou veio parar fresquinho às tuas mãos. Todo teu, certo? Errado! Dinheiro vai e dinheiro vem, e à partida, todos os teus tostões já têm destino e, acredita, não é a tua carteira.

As finanças, o senhorio, ou o banco, a mercearia, os fornecedores de utilidades (água, luz, gás), os operadores de telecomunicações, as pessoas a quem deves e aquela camisa que viste nos saldos estão todos à espera das tuas notas, moedas, ou cartão de débito para se deleitarem com o dinheiro que tanto te custou ganhar. Não há como fugir a isto, é o custo de se viver em sociedade.

Podes sempre ir morar para uma caverna, viver com a luz natural do dia, ou seja, dormir e acordar com as galinhas, pescar e caçar, fazer fogueiras para cozinhar e fazer roupas com a pele dos animais que caçares. É uma bela forma de evitar gastar dinheiro, mas não me parece muito viável, até porque a própria caverna tem dono e não tarda aparece alguém a cobrar ou a exigir que desocupes o seu espaço. A realidade é que vivemos em sociedade e precisamos de dinheiro para o fazer, como tal, tens de te preparar para gerir financeiramente essa convivência de forma a que sobre algum dinheiro para ti.

Vais viver para sempre em sociedade e convém aprender a gerir financeiramente essa convivência.

Assim sendo, faças tu o que fizeres, paga-te primeiro! Este conceito é largamente utilizado na comunidade financeira atual, mas tem sido a base da boa gestão financeira desde a existência da sociedade. Aqui vai a grande revelação, estás preparado? Lê em voz alta, sublinha, anota... faz o que tiveres que fazer para não esqueceres o que vou dizer. Atenção: "É importante, essencial e obrigatório guardar, no mínimo, 10% do teu salário, ou mesada"!

Prática comum e essencial da boa gestão das finanças pessoais. De certeza que já ouviste falar do dízimo. Dízimo, significa, nada mais nada menos que, dez por cento. Dez por cento. Vou repetir, dez por cento. A primeira coisa a fazer sempre que ganhares um euro é colocar dez cêntimos de lado. Habitua-te, disciplina-te, esses dez por cento são o único dinheiro que podes considerar realmente teu. Deves concordar comigo que é mais do que justo teres direito a uma percentagem do dinheiro que te chega às mãos. Se meio mundo tem direito a uma parte do que ganhaste, mais direito tens tu que trabalhaste por ele, certo?

E como o fazer? Fácil. Podes sempre usar o teu querido mealheiro, mas nos dias de hoje aconselho o acesso a uma conta bancária apenas com esse fim. Com funcionalidades na gestão de contas online, tal como o agendamento de transferências e abertura de contas poupanças associadas à conta à ordem, nunca foi tão fácil.

Vês o valor que recebeste, calculas dez por cento desse valor e envias imediatamente para a conta que eu gosto de chamar de escondidinho. É teu por direito. Não sobra para comprar aquela camisinha em saldos? Temos pena. A vida é mesmo assim, não dá para tudo, mas tem de dar para ti. Mereces!

Para ajudar a memorizar fica a dica:

> # IEO10%:
> ## *Importante, Essencial e Obrigatório!*

DICA NÚMERO 2

Vive dentro das tuas possibilidades

J á guardaste os teus dez por cento? Sim, são mesmo teus. Dá-te uma palmadinha nas costas, mereces. Para não ser repetitiva vamos falar agora dos restantes 90%. Com tantas entidades e pessoas a contar com esse dinheiro, o melhor mesmo é não desapontar. Devem ser direcionados primeiro para as necessidades básicas e só depois para os desejos e vontades. O maior problema da sociedade moderna é a dificuldade de separar o trigo do joio. Então vamos a isso, vou dar-te uma ajuda.

A meu ver, necessidades básicas são todas aquelas que permitem manter a tua subsistência e garantir o mínimo de condições para sobreviver dentro dos padrões da sociedade em que estás inserido. Por exemplo, todos precisamos de um teto. Um local onde possamos recolher, abrigarmo-nos do frio e do calor...

Assim sendo, a renda ou a prestação bancária é uma necessidade básica. Tens que a pagar senão estás na rua. Certinho e direitinho. Por outro lado, para garantires condições mínimas debaixo desse teto precisas de água, luz e gás. Não vais andar por aí feito gato fedorento ou cheio de hematomas porque tropeças no mobiliário lá de casa. E também não podes andar por aí nu e com fome. Precisas de dinheiro para cobrir o corpo e comprar alguma coisa para comer.

Acho que já dá para entender o que são as necessidades básicas. Os desejos... Os desejos são tudo o que vai além das necessidades básicas. Tenho a certeza que adivinhaste aquilo que eu ia dizer. Por exemplo, precisas de roupa para cobrir o corpo, certo? Mas isso não significa que tenha de ser de uma marca famosa.

A camisa é uma necessidade, mas a escolha da mesma já é feita considerando os nossos desejos.

Outro exemplo, ter um telemóvel nos dias de hoje é uma necessidade, mas que esse telefone seja um iPhone já é um desejo. O maior inimigo da gestão financeira é o consumismo que se encontra tão enraizado na nossa sociedade.

Já sabes para onde deves direcionar os 90%, só não sabes como, certo? A melhor forma de o fazer é através de uma folha de orçamento. Caio em erro de ser repetitiva mas, a ideia tem de ficar bem retida e água mole em pedra dura... Atenção: "É importante, essencial e obrigatório fazer uma folha de orçamento."

Dividir os gastos em várias categorias: renda/ prestação do imóvel, utilidades (água, luz, gás), automóvel, mercearia, roupas, educação, equipamentos informáticos, entretenimento (jantares, cinemas), etc, (vê o Anexo I para exemplo de folha de orçamento). Ou seja, incluir tudo em que sabes que vais gastar dinheiro.

Aquele cafezinho matinal, a revista das fofocas, o corte de cabelo... Mas atenção, planear garantindo que as necessidades básicas são satisfeitas primeiro e só depois dividir o que sobra nas restantes. Se a folha de orçamento ultrapassar os 90%, há que reanalisar. Por exemplo, não precisas de cinco cafezinhos por dia, pois não? E tu dizes: "é muito fácil falar, agora quero ver-te a viver com a miséria que eu ganho". Não disse que é fácil, disse apenas que é essencial. Tem de ser feito. Não podes gastar aquilo que não tens. E se tiveres noção daquilo que podes gastar vives mais descansado.

A melhor forma de gerir as finanças é planear que as despesas totais (necessidades básicas e desejos pessoais) não excedam os 70%. Desta forma sobram 20% para o pagamento de dívidas adquiridas, como por exemplo cartões de crédito, financiamentos bancários para crédito pessoal, etc.

Embora se deva evitar as dívidas, na sociedade atual viver sem elas é quase impossível, até porque permitem o pagamento por prestações que muitas vezes é a única forma de podermos adquirir algo. Se adotares a regra dos 70% para as despesas e não recorreres ao acesso ao crédito, acabas por ter mais 20% para te pagares a ti próprio, bem bom não achas?

Para além da regra dos 70% também existe outra regra essencial: a renda/prestação do imóvel nunca deve exceder os 30% do teu rendimento. É com base neste valor que se determina a taxa de esforço na análise do crédito habitação.

As rendas estão caras? Já pensaste em comprar em vez de arrendar? As prestações são por norma mais baixas. Precisas de um apartamento tão caro? Precisas de viver tão próximo do centro da cidade? Será mais fácil partilhar a casa com um amigo ou familiar?

O segredo da folha de orçamento é aprender a viver dentro das tuas possibilidades, há muita coisa que queres, mas aceita que nem sempre as poderás ter.

Não te esqueças, planeia sempre em função do que realmente necessitas e não daquilo que tu queres.

Para ajudar a memorizar fica a dica:

> # IEO Folha de Orçamento:
> *Importante, Essencial e Obrigatório!*

DICA NÚMERO 3

Faz o teu dinheiro multiplicar-se

Já deve doer-te a cabeça depois de tantas contas. Não te censuro, não é fácil, mas tem de ser feito. Habitua-te desde o início, se há coisa com que terás de lidar para sempre é dinheiro, por isso mais vale entenderes como ele funciona e tornarem-se grandes amigos.

Vamos voltar aos famosos dez por cento. Espero que não tenhas caído na tentação de mexer nessa percentagem para acrescentar aquele cafezinho extra na folha de orçamento, ou o almoço no restaurante. Lembra-te que deves viver sempre dentro das tuas possibilidades e esse dízimo é importante, essencial e obrigatório. Ok. Os teus queridos dez por cento, certo? O que fazer com eles? Deixar no banco a ganhar pó e a ser "sugado" pela inflação é um "crime" contra a boa gestão financeira.

Se pensares na inflação anual que sobe, por média, três e meio por cento por ano e deixares os teus queridos dez por cento "parados na conta" em 2018, aqueles preciosos 100 euros em 2019 já não valem 100 euros, devido à inflação. Embora o número 100 esteja bem fincado a negrito no extrato bancário, na realidade, já só valem noventa e seis euros e cinquenta cêntimos. Já perdeste o poder de compra para três cafezinhos...

Entraste em pânico? Não desesperes. Deixa o teu dinheiro fazer dinheiro. Atenção: "É importante, essencial e obrigatório fazer o teu dinheiro multiplicar"!

Nos dias de hoje, funcionalidades que antigamente eram apenas acessíveis a um fechado círculo da sociedade, devido à internet, estão disponíveis a todo o mundo. São inúmeras as formas de multiplicar o teu dinheiro: contas de aforro, contas de investimento financeiro, investir em pequenas empresas...

Informa-te! As possibilidades são inúmeras. O importante é reter a ideia: multiplicar. Dois vezes um dois, dois vezes dois quatro, dois vezes três seis... Até dá vontade de cantar a tabuada ao imaginar aqueles teus dez por cento, os teus, mesmo teus, a saltar de dois para quatro, de quatro para seis e por aí adiante.

Para ajudar a memorizar fica a dica:

IEO Multiplicar:

Importante, Essencial e Obrigatório!

DICA NÚMERO 4

Guarda o dinheiro em lugar seguro

D inheiro "parado" não se multiplica. Lá vem a doida com mais repetições! Nunca é demais repetir. Repito porque tenho que repetir. Repito porque tens que entender. Imagina que colocas 100 euros num mealheiro e esqueces-te dele. Passado uns anos encontras o dito cujo e o dinheiro lá dentro. Sim, continuam a ser 100 euros que já valem muito menos que isso. O milagre da multiplicação não existe se não houver ação.

Informa-te, analisa, planeia. Onde vais colocar os teus dez por cento? Qual o melhor local para guardar os teus tão merecidos dez por cento? Aqueles que são teus por direito? Atenção: "É importante, essencial e obrigatório guardar o dinheiro em lugar Seguro"!

Investe! Investe! Investe! Investe em atividades onde haja liquidez e tenha lucro. Consulta especialistas na matéria. Não deixes o dinheiro "dormente" ou em locais onde o possas perder. Investe com uma pequena margem de risco. Inicialmente, usa apenas uma percentagem dos teus dez por cento para investir, para não correres o risco de perderes tudo.

Esta dica é chamada a dica de refresco, curta e direto ao ponto. Só para te relembrar dos teus dez por cento.

Para ajudar a memorizar fica a dica:

IEO Seguro:

Importante, Essencial e Obrigatório!

DICA NÚMERO 5

Sê dono da tua própria casa

No final de um dia de trabalho, universidade, ou escola, é bom saber que tens um local seguro para regressar. Um local onde podes recuperar energias para o dia seguinte... A meu ver, não existe sucesso financeiro se não garantires que o teto por cima da tua cabeça, na realidade, te pertence ou virá a pertencer após pagas as prestações ao banco.

Nada melhor que dormir descansado e sair de casa sabendo que tens um local para onde voltar. Atenção: "É importante, essencial e obrigatório ser dono da tua casa."

Se ainda moras na casa dos teus pais, não te esqueças de colocar na tua folha de orçamento um valor de renda mensal. Separa 30% dos teus ganhos para esse fim. Separa como se efetivamente os fosses gastar. Desta forma crias duas coisas: O hábito de pagar pelo teu teto e poupanças para o adquirir. O futuro planeia-se agora. Os hábitos criam-se agora! Se poupares para comprar a tua própria casa, a tua prestação mensal será inferior do que se alugares uma.

Compra algo modesto dentro das tuas possibilidades, mas compra! Quando a família crescer, vendes essa e compras uma maior. Começa pelo princípio. Pensa em adquirir a casa que precisas e não a que desejas! Quem vive em sociedade quer casa.

Se tens uma casa alugada, visita uma instituição bancária e verifica as possibilidades de crédito habitação. Se consegues pagar a renda também consegues pagar a prestação. Não procures a casa que os teus olhos desejam, procura aquela que o teu bolso suporta.

O que importa é que seja tua. Com o tempo podes sempre remodelar e colocá-la a teu gosto. É o teu lar, podes fazer com ele o que quiseres. É teu. Sabe tão bem, não sabe? Teu lar, tua casa. Dá uma sensação de conforto. Sensação essa que é essencial para o bem-estar.

Para ajudar a memorizar fica a dica:

IEO Casa:

Importante, Essencial e Obrigatório!

DICA NÚMERO 6

Assegura
o teu futuro

Sabes de uma coisa? Não estarás cá para sempre! É uma grande chatice, mas está cientificamente provado que o ser humano nasce, cresce, envelhece e morre. Não estou a ser mórbida, estou a ser realista. Não vais ser adolescente e jovem para sempre. Com alguma sorte amanhã estarás por cá e daqui a uns anos por cá continuarás. Há que planear e assegurar o futuro.

Andas a guardar os teus preciosos dez por cento, com que intenção? Para amealhar e enriquecer? Também, mas a maior razão é que não sabes o dia de amanhã. Os dez por cento são teus porque queres melhorar o teu futuro. Mas há várias formas de remover a preocupação sobre o futuro e viver focado no presente.

Alguém, há muitos anos atrás, pensou na forma de remover o foco no futuro: Seguros. Seguros que antigamente apenas serviam as grandes classes da sociedade, são agora acessíveis a todos. Seguros de saúde, seguros de vida, seguros de habitação, seguros multirriscos, seguros sobre bens, seguros de seguros... Atenção: "É importante, essencial e obrigatório assegurar o teu futuro."

Dos vários seguros que existem, a tua prioridade são os seguros que satisfazem as tuas necessidades básicas. Seguros de habitação, seguros de saúde e seguros de vida são o top três. Se tiveres esses seguros, posso-te garantir que dormes mais tranquilo e consegues focar-te na realidade do teu dia-a-dia. E se ficares doente de repente? Ninguém quer ficar doente, mas às vezes acontece. Precisas de uma operação urgente e não tens como a pagar? Os dez por cento que amealhaste não chegam, deixas de pagar a renda, deixas de pagar as dívidas, isto porque a saúde toma prioridade acima de tudo. E se, mesmo assim, o que conseguires juntar não chegar? Um seguro de saúde cobre este tipo de situações e não tens de te preocupar com isso. Sacrificando uns euros mensalmente consegues garantir a manutenção da tua estrutura, caso algo aconteça e o teu único foco será em ficar melhor, em pores-te bom rápido em vez de pensar na tua pobre mãe que teve que vender a casa para te ajudar.

Se já tens filhos, a tua maior preocupação deve ser o que há de ser deles se te acontece alguma coisa. Embora não penses nisso, cada vez que sais de casa não sabes se vais voltar. E se não voltares para casa? O que irá acontecer? Para além de ficarem sem pai ou sem mãe, irão morar onde e com quem? A pessoa que ficar com eles terá condições de os sustentar? Será que os teus filhos terão capacidade de ir para a faculdade quando crescerem, sem tu estares aqui para assegurar isso?

Os seguros servem para remover essas preocupações. Falo por mim, nada me deixa mais descansada do que saber que, se chegar a minha hora e não voltar para casa, não irá faltar nada ao meu filho. Terá teto graças ao seguro habitação, terá condições de subsistência graças ao seguro de vida. Claro que não estará totalmente bem porque ficou sem mãe, é esse mesmo o curso da vida mas, basta essa mudança, certo? Não terá que se preocupar com o que comer e com o que vestir. E essa certeza liberta-me e permite-me concentrar no presente.

Apresentei uma realidade muito dura, eu sei. Mas a qualquer momento podes ser confrontado com uma situação menos favorável e não queres ser apanhado desprevenido. Além do mais não queres passar o teu tempo a pensar e se... e se... Informa-te. Escolhe alguns seguros, faz o pagamento mensal e esquece isso. Vai viver a tua vida.

Para ajudar a memorizar fica a dica:

> ## IEO Futuro:
> *Importante, Essencial e Obrigatório!*

DICA NÚMERO 7

Aumenta a tua capacidade de ganhar

Por esta altura, já tens o teu dízimo, já tens a tua folha de orçamento, com os seguros essenciais incluídos, e estás pronto para viver a tua vidinha sem preocupações. Está na hora daquela palmadinha nas costas. Parabéns, estás no bom caminho. Aquele cafezinho que sacrificaste já não custa tanto, melhor, já aprendeste a viver sem ele. Não precisas disso, era só um desejo, lembras-te?

Agora vamos ao que interessa. O mundo está em constante desenvolvimento. Quem dorme na praia a onda leva.

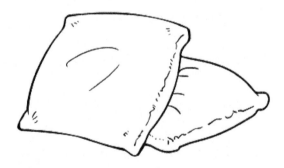

Hoje, mais que nunca, o crescimento tecnológico é exponencial. O que sabias ontem já poderá não ser suficiente amanhã! Tens de estar dentro das novidades e ter a capacidade de crescer na tua atividade profissional. Porquê? Para garantir que a tua posição continue a fazer sentido na empresa onde trabalhas. Para garantir que consegues acompanhar o crescimento e não te tornas obsoleto. Atenção: "É importante, essencial e obrigatório aumentar a tua capacidade de ganhar."

A realidade é simples: não é possível ser promovido sem saber mais e não é possível ganhar mais sem ser promovido. A inflação nunca para. Não podes continuar a viver com o mesmo salário para o resto da vida. A cada ano que passa quantos cafezinhos vais retirar da folha de orçamento? E quando não houver mais cafés e pequenos luxos para cortar?

A única forma de acompanhar o crescimento é, verdadeiramente, crescer com ele. A chave está no saber: "knowledge is power".

O segredo está na formação constante. Aprende com o teu patrão. Aprende com a tua mãe e com o teu pai. Aprende com o teu amigo. Existem milhares de cursos online e muitos deles grátis. Aprende. Aprende tudo o que possas. Masteriza. Aprofunda a tua especialidade e ganha bases em tudo o resto. Quem está atento e tem conhecimento tem mais possibilidades de multiplicar o seu rendimento. Não sou eu que o digo, é a lei da vida. Não deixes a caravana passar ou, melhor, não durmas à sombra da bananeira. Sacrifica uns minutos do teu presente para melhorares o teu futuro e teres maior capacidade de engordar o teu mealheiro.

Para ajudar a memorizar fica a dica:

IEO +Conhecimento:

Importante, Essencial e Obrigatório!

DICA NÚMERO 8

Usa Riqueza para gerar Riqueza

Por esta altura estás no caminho certo para viver sem preocupações financeiras. Adaptaste a tua realidade aos teus gastos e embora não te permitas muitas extravagâncias consegues, no mínimo, viver de acordo com o que ganhas. Estás educado financeiramente. Vamos celebrar... Com um copinho de água, ou um café extra, mas nada de loucuras, ok?

Não gastas um tostão sem saber que o podes gastar e tens um "escondidinho" com dez por cento do que ganhas. Já sabes que tens que investir esse escondidinho e pesquisaste várias formas de o fazer. Contudo não te sentes mais rico. E agora? A intenção não era ficar rico, mas sim estar no controlo das tuas finanças pessoais para não seres apanhado desprevenido e dormires com a cabeça bem descansada em cima da almofada.

Mas, e se quiseres realmente ficar um pouco mais rico? Sê paciente! A riqueza vem com planeamento, paciência e persistência. Há que gerir os investimentos de forma a que esses se transformem em riqueza. Atenção: "É importante, essencial e obrigatório usar a tua riqueza para gerar riqueza."

Isto não é nada de novo. Chegamos ao ponto de esclarecer a importância de gerir os investimentos. Da mesma forma que falamos na folha de orçamento para os gastos, tens de planear os teus investimentos. Decidir no que vais apostar e as percentagens de risco associadas.

Tens de fazer planos a longo termo. Ser paciente. Sacrificar o presente para garantir o futuro. Por exemplo, a base de um bom investimento começa por pensar no que podes comprar hoje a preço baixo para vender amanhã a um valor mais alto. Só assim o investimento irá dar um bom retorno e pode levar à riqueza.

Os teus dez por cento estão ali para te servir. São teus. Queres ficar mais rico? Usa-os com cautela, mas aplica-os em algo que te dê retorno. Já falámos sobre isso. Sei que sou a rainha da repetição. Já toquei neste assunto várias vezes e ainda só vamos na dica 8! Vira o disco e toca o mesmo! Pois é, tem de ser. Desapega-te dos teus preciosos dez por cento e torna-os mais preciosos assim. Caso contrário só estão ali a ganhar pó e a perder valor.

Chegou a hora de retirar o escondidinho do escondidinho e fazê-lo mais gordinho. Preparado?

Para ajudar a memorizar, fica a dica:

> ## *IEO Riqueza:*
>
> *Importante, Essencial e Obrigatório!*

DICA NÚMERO 9

Consulta especialistas em investimentos

Estás preparado para multiplicar o teu escondidinho. Agora trata de traçar o teu plano. Estás tão contente que te sentes como se fosses um daqueles tubarões do Shark Tank e bradas a sete ventos que vais investir. Prepara-te para os palpites. Cada cabeça sua sentença. É assim mesmo, de repente somos todos uns experts. Com esses troquitos guardados o Zé da mercearia acha que devias era investir numa padaria: "Isso é que dá dinheiro, as pessoas nunca vão deixar de comer pão".

É verdade sim, mas não vais investir aquilo que poupaste com tanto sacrifício com base no conselho do Ti Zé. Existem pessoas que gerem fortunas. Essas pessoas estão disponíveis para ti, acredita.

A maior parte das vezes estão disponíveis para conversar sobre o assunto pelo qual têm a maior paixão e fazem todos os dias. Escuta-os. Informa-te. Paga, se for preciso. Atenção: "É importante, essencial e obrigatório consultar especialistas em investimento."

Existem bastantes conselheiros financeiros, mas nem sempre precisas aceder a profissionais. O teu tio António que tem uma cadeia de restaurantes, começou por um. O pai do teu amigo que criou fortuna praticamente do nada... Na realidade, à tua volta existem vários exemplos de investidores de sucesso, pessoas que conseguiram criar um pequeno, ou grande, império e que estão dispostas a tirar um pouco do seu tempo para te aconselhar. Na maioria das vezes, sentem-se até lisonjeadas pelo facto de saberes um pouco sobre a história de sucesso deles e ficam ansiosas para poder relembrar como lá chegaram. Recordar é viver. Marca um cafezinho, vai ter com eles. Mostra-te interessado em aprender.

Voltamos às minhas tão queridas repetições: o segredo está em aprender, questionar, aprimorar o conhecimento. Consulta todas as fontes e escolhe a que mais se adequa a ti. Investe em algo com que te sintas mais confortável. Investe no que te apaixona. Tens uma paixão secreta por casinhas a cair aos bocados que de repente se tornam em palácios? Tens uma paixão secreta por pequenas empresas que começam com uma pequena ideia e tornam-se sustentáveis? Tens uma paixão secreta por ações e fundos de investimento?

Aprofunda essa paixão com conhecimento. É mais fácil aprendermos sobre algo que lemos com gosto. É mais fácil conversar sobre algo que nos suscita interesse. Vê as notícias e informa-te. Estuda casos de sucesso, consulta especialistas em investimento financeiro. Não tomes decisões por impulso e sem estudares bem o assunto.

É verdade que corres sempre o risco de perder parte do teu escondidinho. Investir nem sempre tem retorno garantido, mas quem não arrisca não petisca. É preciso arriscar para se chegar a algum lado. Mas quando se arrisca com plena consciência dos riscos associados e das potenciais consequências é sempre um risco calculado e na maioria das vezes dá certo.

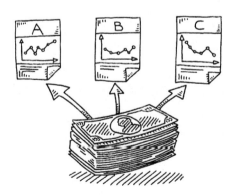

Não vais ganhar todas as batalhas. Vais perder aqui e ganhar ali, é a lei da vida. Por isso, ao investir considera sempre uma percentagem de risco associada. Por exemplo, se apenas estás disposto a perder dez por cento dos teus dez por cento, começa apenas por arriscar essa percentagem. Quem tudo quer, tudo perde. Começa com cautela e vai arriscando apenas sobre os ganhos. Com o tempo chegarás lá.

Aconselha-te e arrisca. Arrisca calculadamente de acordo com informações atuais e concretas sobre o assunto em questão. Não ouças conselhos de quem não sabe o que está a falar. Consulta especialistas na matéria. Permite que a tua riqueza crie riqueza. Aconselha-te com quem a criou ou a sabe criar.

Para ajudar a memorizar, fica a dica:

IEO Especialistas:

Importante, Essencial e Obrigatório!

DICA NÚMERO 10

Planeamento, Paciência e Persistência

Repetição, repetição, repetição! Pareço uma chata com o disco riscado! Estás a ler este guia porque queres estar ao comando das tuas finanças pessoais. A única forma de se comandar qualquer navio é planeando a viagem, tendo paciência para chegar ao destino e estar preparado para resistir perante adversidades.

Como te vais manter ao comando? Batendo na mesma tecla, estando atento e planeando. Começa por planear. Planear, sempre. Não é porque fizeste uma folha de orçamento no princípio de 2018 que o trabalho está feito. Preenche-a semanalmente com os teus gastos. Reanalisa à medida que as condições mudem.

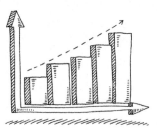

Se o teu salário/mesada aumentar, direciona esse aumento diretamente para as tuas poupanças e investimentos. Não caias na conversa de "quanto mais ganhamos mais gastamos". Controla sempre os teus gastos. É bastante tentador e é muito fácil ceder a esta tentação, eu sei. Eu fui vítima dessa tentação e apenas tenho a dizer: não faças o que eu fiz e aprende com os meus erros.

Podes pensar em comprar um carrinho melhor mas, tem atenção que isso é um desejo momentâneo e pode impactar no teu plano de futuro. Tens de ser paciente.

O segredo é direcionar sempre uma parte do aumento para o escondidinho. Em vez de pensares que ganhas mais, logo podes gastar mais, porque não pensar que ganhas mais, logo podes poupar mais? Não te digo para deixares de viver. Permite-te certos luxos. Mima-te, é importante. É a tua vida e a tua jornada. Só tens uma para viver mas, lembra-te sempre do dia de amanhã.

O segredo está em reanalisar. Reanalisa as tuas estratégias à medida que vais aumentando o teu salário, o teu conhecimento e as tendências do mundo vão-se alterando. Este é um trabalho constante, não pode ser feito apenas uma vez. Demora algum tempo, sê paciente. Irão existir percalços, sê persistente. "É importante, essencial e obrigatório planear, ser paciente e persistente.

Roma não se construiu num dia. E não será num dia em que te tornarás mestre em gestão das tuas finanças. E mais, a riqueza também não se constrói num dia. Não é de um dia para o outro que vais aprender a comandar as tuas finanças e/

ou vais ficar milionário. Grão a grão enche a galinha o papo. Não desistas e mantém-te no caminho certo. Lembra-te do navegador, o segredo é planear a viagem tendo em conta as condições meteorológicas, tens é de estar preparado e sempre atento.

Não tenho mais a dizer. Não quero ser chata. Só quero que entendas que as finanças estão em constante movimento e tu tens de acompanhar esse movimento.

Para ajudar a memorizar fica a dica:

IEO PPP:

Planeamento, Paciência e Persistência.

Importante, Essencial e Obrigatório!

"Água mole em agenda dura, tanto dá até que... até que... encontra uma rota e fura"

Adelaide Miranda

E AGORA VAMOS GERIR ESSAS FINANÇAS

Finalmente! A chata chegou ao fim com as suas repetições constantes! Ufa! Espero que este guia tenha elucidado algumas dúvidas e permita criar hábitos financeiros saudáveis.

Não existe vida em sociedade sem dinheiro. A realidade é esta, nua e crua. O dinheiro faz parte da sociedade moderna e quem não o tem, ou não o sabe gerir, vive com dificuldades.

Provavelmente viveste resguardado desta realidade pelos teus pais. Não participaste das reuniões em que se decidia o que se pode cortar para que pudessem pagar as contas ou, até mesmo, comprar o teu presente de aniversário.

Agora, tens o teu próprio trabalho e tens de ser tu a garantir o teu futuro. Ou melhor, os teus pais deram-te uma mesada e tens que aprender a geri-la da melhor forma. Bem-vindo ao mundo financeiro. Não são só os economistas que têm de aprender a mexer com dinheiro. Na realidade, somos todos economistas, uns melhores e outros piores. Este guia pretende deixar-te na categoria dos melhores.

Se aprenderes a gerir as tuas finanças pessoais, serás melhor a gerir a tua futura empresa. Saberás que tens ganhos e que tens que alocar os gastos. Saberás que há coisas essenciais e coisas sacrificáveis. Essa é a base de tudo. Saber o que te espera e aprender a planear, saber esperar e estar preparado para superar adversidades.

Se já tens acesso a dinheiro, via salário ou mesada, e criaste maus hábitos, ainda não está tudo perdido. O importante nesta viagem é aprender a quebrar os velhos hábitos e estes só podem ser quebrados quando se cria um novo.

Lembra-te, o segredo está em adquirir conhecimento. Porém, não basta adquirir, há que praticar. Prepara a tua folha de orçamento, se tens acesso a um smartphone existem apps que permitam que o faças em movimento, "on the go".

A partir de agora, não tens desculpa para continuar a permitir que o dinheiro, ou a falta dele, esteja no comando da tua vida. Está na hora de assumires o comando das tuas finanças e preparares o teu futuro pessoal e profissional da melhor forma.

Atenção, não caias na tentação do ganho mais, gasto mais. Põe na cabeça, ganho mais, poupo e invisto mais. A responsabilidade é tua. A culpa não é do senhorio que cobrou a renda, já sabias que tinhas que a pagar. Se não a podias pagar, já devias ter pensado em dividir a casa e a renda com alguém, ou quem sabe voltar para casa dos teus pais e colocar a arrendar o apartamento. Às vezes, para progredir tens que regredir, sacrificar o presente para melhorar o futuro.

Se não podes, não podes. Não é possível teres tudo o que queres, o importante é estabelecer o que podes ter.

Seguiste os meus conselhos, e da maioria da comunidade financeira, e estás no controlo das tuas finanças e guardas os teus preciosos dez por cento. Não te esqueças de colocá-los a trabalhar para ti. Deixa que o dinheiro trabalhe para ti e nunca o contrário.

A única forma de não seres escravo do teu dinheiro é tomares controlo das tuas finanças. Ganhes muito, ou ganhes pouco, as tuas finanças pessoais estão a teu cargo.

Os segredos para uma gestão eficaz das finanças pessoais estão revelados. Cabe-te a ti iniciares a tua jornada. Não estás sozinho. Existem livros e informação suficiente na internet para te ajudar nessa caminhada. Eu, estou à distância de um email ou na minha página do Facebook:

facebook.com/adelaidemirandaoficial

Boa Sorte e Boas Finanças!

ANEXO 1

Como criar uma Folha de Orçamento

A o criares a tua folha de orçamento deves considerar as remunerações, todos os gastos e separá-los em várias categorias.

Convém contabilizar todos os teus gastos, mas todos mesmo. Lembra-te do precioso cafezinho. Inicialmente vais assustar-te com a quantidade de coisas em que gastas o teu dinheiro.

À medida que fizeres a folha de orçamento, vais perceber o que se trata de necessidades e o que se trata de desejos e assim compreender o que pode ser eliminado. As tabelas 1 e 2, em infra, são um exemplo de itens a considerar.

Tabela 1. Exemplo de Gastos a Considerar
Folha de Orçamento 1

Remunerações	Transportes	Utilidades
Salário/Mesada	Prestação do Carro	Telefone
Juros	Passe Social	Telemóvel
Doações	Seguro	Televisão por Cabo
	Combustível	Gás
	Manutenção	Água
	Inspeção	Eletricidade
	Parqueamento	Internet
	Portagens	

Tabela 2. Exemplo de Gastos a Considerar
Folha de Orçamento 2

Saúde	Entretenimento	Vários
Dentista	Ginásio	Vestuário
Médico	Almoços/Jantares/Cafezinho	Presentes de Aniversário
Medicamentos	Concertos	Infantário/Creche
Óculos	Subscrições	Outras Poupanças
Seguro de Vida	Cinemas	Cartões de Crédito
Seguro de Saúde	Jogos/Brinquedos	Barbeiro/Cabeleireiro
Outros	Hobbies	Outros
	Viagens/Férias	
	Outros	

O segundo passo é planear os gastos de acordo com a tua remuneração. Não te assustes se não conseguires totalizar tudo. O processo é mesmo este. Se isto acontecer é porque tens, decidida-mente, vivido acima das tuas possibilidades e estás a gastar dinheiro que não tens. Reanalisa e ajusta a folha de orçamento de forma a enquadrar as re-munerações com os gastos. Sacrifica o que tiveres que sacrificar e tem sempre como prioridade as tuas necessidades básicas.

Se chegares à conclusão que não as consegues sustentar, não entres em pânico. Considera a casa em que vives, o que podes fazer para cortar nas despesas, como por exemplo mudar para uma casa em que a renda seja mais barata, ganhar o hábito de apagar as luzes, tomar banhos menos demorados, comprar o leite mais barato, enfim. Há várias formas de reajustar. Tens que aceitar que estás a viver acima das tuas posses e que mais cedo ou mais tarde vais ficar com a corda ao pescoço se continuas com esses hábitos.

Lembra-te, por vezes para progredir há que regredir.

O terceiro passo é controlar todas as despesas. Preencher a folha de orçamento diariamente e incluir todos os gastos. É importante, essencial e obrigatório fazer isto. É a única forma de perceberes que já gastaste o dinheiro que tinhas alocado a uma certa atividade. Convidaram-te para almoçar, mas já gastaste a percentagem alocada a essa atividade? Diz que não podes ir e que fica para a próxima. Terás a oportunidade de almoçar no próximo mês. Ou, imagina que esta pessoa que te convidou veio de fora e não poderão ir almoçar juntos tão cedo.

Analisa a folha de orçamento e vê o que podes sacrificar este mês, sempre na lista dos desejos. Nunca sacrifiques as necessidades básicas, acredita que não acaba bem. E nem penses em tirar parte dos teus dez por cento. Esse dinheiro não existe, está escondidinho, recordas-te?

Se caíres na tentação e gastares mais do que podes não desesperes. Há que ter paciência, o hábito cria-se com o tempo e não de um dia para o outro. O importante é que iniciaste a jornada para assumir o comando das tuas finanças e mais cedo, ou mais tarde, irás conseguir. Planeamento, persistência e perseverança.

Usa a folha de orçamento para contabilizar todos os tostões, até aqueles dez euros que emprestaste à Maria. Todo o dinheiro utilizado deve ser anotado. E vontade para isso? Cria-se. Nada se consegue sem sacrifício.

Os segredos estão revelados. As dicas estão dadas. Está na hora de arregaçar as mangas e, tal qual Tio Patinhas, começar a contar os tostões.

E agora, vamos gerir essas finanças?

Printed in Great Britain
by Amazon